읽기랑 쓰기랑

옛시조 풀이

어르신을 위한 읽고, 쓰기 노트

읽기랑 쓰기랑

옛시조, 풀이

1판 1쇄 발행 2022년 8월 9일

저자 김정숙

교정 윤혜원   **편집** 문서아
마케팅 박가영   **총괄** 신선미

펴낸곳 하움출판사   **펴낸이** 문현광

이메일 haum1000@naver.com   **홈페이지** haum.kr
블로그 blog.naver.com/haum1000   **인스타그램** @haum1007

ISBN 979-11-6440-198-7 (13700)

좋은 책을 만들겠습니다.
하움출판사는 독자 여러분의 의견에 항상 귀 기울이고 있습니다.
파본은 구입처에서 교환해 드립니다.

이화에 월백하고 -이조년

이화(梨花)에 월백(月白)하고

은한(銀漢)이 삼경(三更)인 제

일지춘심(一枝春心)을 자규(子規)

야 알랴마는 다정(多情)도 병(病)인

양 하야 잠 못 드러 하노라.

풀이 하얗게 핀 배꽃에 달은 환히

비치고 은하수는 돌아서 자정을

알리는 때에, 배꽃 한 가지에 어린

봄날의 정서를 자규가 알고 저리

우는 것일까마는 정이 많은 것도

병인 듯하여 잠을 이루지 못하노라.

춘산에 눈 녹인 바람 -우탁

춘산(春山)에 눈 녹인 바람 건듯

불고 간 듸 없다 져근덧 비러다가

마리 우희 불니고져 귀밋테 해묵은

서리 녹여볼가 하노라.

풀이 봄 산에 눈을 녹인 바람 잠깐

불고 간곳없다. 잠시 빌려다가

머리 위에 불게 하고 싶구나. 귀밑에

여러 해 묵은 서리를 녹여볼까 하노라.

한 손에 막대 잡고 –우탁

한 손에 막대 잡고 또 한 손에 가싀

쥐고 늙는 길 가싀로 막고 오는 백발

막대로 치려터니 백발(白髮)이

제 몬져 알고 즈럼길로 오더라.

 한 손에 막대를 잡고 또 한

손에는 가시를 쥐고, 늙는 길은 가시

로 막고 찾아오는 백발은 막대로

치려고 했더니, 백발이 제가 먼저

알고 지름길로 오더라.

구름이 무심탄 말이 -이존오

6

구름이 무심탄 말이 아마도 허랑

(虛浪)하다 중천(中天)이 떠 이셔

임의(任意)로 다니면서 구태여

광명한 날빛을 따라가며 덮나니.

풀이 구름이 욕심 없다는 말이

아마도 허무맹랑하다. 하늘 가운데

떠 있어, 마음대로 다니면서 구태여

밝은 햇빛을 덮어 무엇하리오.

백설이 잦아진 골에 -이색

백설(白雪)이 잦아진 골에 구름이

머흐레라 반가온 매화(梅花)는

어느 곳에 피였는고 석양(夕陽)에

홀로 셔 이셔 갈 곳 몰라 하노라.

풀이 흰 눈이 많이 내린 골짜기에

구름이 험하기도 하구나. 반가운

매화는 어느 곳에 피였는가. 석양에

홀로 서 있는 이 마음, 갈 곳을

모르겠구나.

녹이상제 살지게 먹여 -최영

녹이상제(綠駬霜蹄) 살지게 먹여

시냇물에 씻겨 타고 용천설악

(龍泉雪鍔) 들게 갈아 둘러메고

장부(丈夫)의 위국충절(爲國忠節)

을 세워볼까 하노라.

풀이 녹이상제와 같은 명마를 살찌게

먹여 시냇물에 씻겨 타고, 용천설악

과 같은 보검을 잘 들게 갈아서 둘러

메고, 대장부의 나라를 위하는 충성

스러운 절개를 세워보려 하노라.

이런들 엇더하며 -이방원

이런들 엇더하며 더러들

엇더하리 만수산(萬壽山)

드렁츩이 얽혀진들 긔 엇더하리

우리도 이가티 얽어져서 백 년

까지 하리라.

풀이 이렇게 산들 어떻고 저렇게

산들 어떠하리오. 만수산에 마구

뻗어난 칡덩굴이 서로 얽혀진들

(얽혀진 것처럼 산들) 그것이 어떠

하리오. 우리도 이처럼 어우러져

오래오래 살아가리라.

이 몸이 죽고 죽어 -정몽주

이 몸이 죽고 죽어 일백 번 고쳐

죽어 백골(白骨)이 진토(塵土)

되어 넋이라도 있고 없고 임 향한

일편단심(一片丹心)이야 가실 줄이

있으랴.

오백 년 도읍지를 -길재

오백 년 도읍지(都邑地)를 필마

(匹馬)로 돌아드니 산천(山川)은

의구(依舊)하되 인걸(人傑)은

간데없다 어즈버 태평연월

(太平烟月)이 꿈이런가 하노라.

풀이 오백 년 이어온 도읍지를 홀로

말을 타고 들어가니 산과 강은 예와

다름없으나, 인걸은 간곳없구나.

아아! 태평성대를 누리던 지난날의

하룻밤 꿈만 같구나.

선인교 나린 물이 -정도전

선인교(仙人橋) 나린 물이 자하동

(紫霞洞)에 흘러드러 반 천년

(半天年) 왕업(王業)이 물소래

뿐이로다 아희야, 고국흥망 (故國

興亡)을 물어 무삼하리오.

선인교에서 흐르는 물이

자하동으로 흐르니, 오백 년

동안의 고려 왕국의 업적이 남은

것이라고는 적막한 저 물소리뿐이

구나. 아이야, 지나간 옛 나라의

흥하고 망함을 물어서 무엇하랴.

언충신 행독경하고 -성석린(成石璘)

언충신(言忠信) 행독경(行篤敬)

하고 그른 일 아니하면 내 몸에

해(害) 없고 남 아니 무이나니

행(行)하고 여력(餘力)이 있거든

학문(學文) 조차하리라.

풀이 하는 말이 충성스럽고

믿음성이 있으며 행실이 돈독하고

공경하며 술과 여자를 가까이하지

않는다면, 내 몸에 해가 없고 남을

미워하지 않게 되니, 이 모든 것을

행하고도 남은 힘이 있거든 학문을

배우리라.

대초 볼 붉은 골에 -황희

대초 볼 붉은 골에 밤은 어이

뜯들으며 벼 벤 그루에 게는

어이 나리는고 술 익자 체 장사

돌아가니 아니 먹고 어이리.

대추가 빨갛게 익은 골짜기에

밤까지 뚝뚝 떨어지며, 벼를 벤 그

루에는 게까지 어찌 나와 다니는가?

마침 햅쌀로 빚은 술이 익었는데, 체

장수가 팔고 돌아가니 먹지 않고

어쩔 것인가?

내해 좋다 하고 -변계량(卞季良)

내해 좋다 하고 남 싫은 일 하지

말며 남이 한다고 의 아니면 좇지

마라 우리는 천성을 지키어 삼긴

대로 하리라.

풀이 나에게 좋다고 해서 남에게

싫은 일 하지 말고, 남이 한다고

해도 올바른 일이 아니면 따라 하지

말라. 우리는 천성을 지켜서 타고난

본성대로 착하게 살아야 한다.

추강에 밤이 드니 -월산대군

추강(秋江)에 밤이 드니 물결이

차노매라 낚시 드리오니 고기

아니 무노매라 무심(無心)한

달빛만 싣고 빈 배 저어 가노매라.

풀이 가을철 강물에 밤이 깊어가니

물결이 차가워지는구나. 물이 찬

때문인지 낚시를 드리워도 고기가

20

물지 않는구나. 무심한 달빛만

가득히 싣고 빈 배로 돌아온다.

간밤에 부던 바람 -유응부

간밤의 부던 바람에 눈서리

치단말가 낙락장송이 다 기우러

가노매라 하믈며 못다 핀 곳이야

닐러 므슴하리오.

풀이 지난밤에 불던 바람에 눈서리

가 쳤단 말인가. 아름드리

소나무들이 다 기울어가는구나.

하물며 아직 피지도 못한 꽃이야

말해 무엇하겠는가.

이 몸이 죽어가서 -성삼문

이 몸이 죽어가서 무엇이 될꼬

하니 봉래산 제일봉에 낙락장송

되었다가 백설이 만건곤할 제

독야청청하리라.

풀이 이 몸이 죽어서 무엇이 될

것인고 하니, 봉래산 제일 높은

봉우리에 우뚝 솟은 소나무가

되었다가 흰 눈이 온 세상에 가득

찼을 때 홀로 푸르고 푸르리라.

방 안에 혓는 촛불 –이개

방 안에 혓는 촛불 눌과 이별하였

관대 겉으로 눈물지고 속 타는 줄

모른다 우리도 천 리에 임 이별

하고 속 타는 듯하여라.

풀이 방 안에 켜놓은 촛불은 누구와

이별하였기에, 겉으로는 눈물

흘리며 속이 타는 것을 모르는가?

저 촛불도 나와 같아서 눈물만 흘릴

뿐, 속이 타들어 가고 있는 것은

모르고 있구나.

가마귀 눈비 맞아 희는 듯

검노매라야광명월(夜光明月)이야

밤인들 어두우랴 임 향한

일편단심이야 변할 줄이 있으랴.

풀이 까마귀가 눈비 맞아 흰 듯하지

만 속은 검구나. 야광주 명월주 구슬

25

은 밤이 되어도 어둡지 않고 빛난다.

임금을 향한 충성심은 절대 변하지

않을 것이다.

천만리 머나먼 길에 -왕방연

천만리 머나먼 길에 임 여의옵고

내 마음 둘 데 없어 냇가에

앉았으니 저 물도 내 안 같아야

울어 밤길 예놋다.

천만 리 머나먼 길에서 떠나와

고운 임(단종)과 이별하고, 내

마음을 매어둘 곳이 없어 혼자

흘러가는 냇물가에 앉아 있으니,

아! 저 시냇물도 내 마음속 같아서

울면서 흘러가기만 하는구나.

샷갓에 도롱이 입고 -김굉필(金宏弼)

샷갓에 도롱이 입고 세우중(細雨

27

中)에 호미 메고산전(山田)을

흘매다가 녹음(綠陰)에 누웠으니

목동(牧童)이 우양(牛羊)을 몰아

잠든 나를 깨우도다.

풀이 삿갓 쓰고 도롱이 입은 채 가는

비 가운데, 호미 메고 산속 밭을

매다가 나무 그늘에 누웠더니

목동이 소와 양을 몰아 어느새 잠든

나를 깨우는도다.

젼나귀 모노라니 서산(西山)에

일모(日暮)로다 산로(山路) 험(險)

하거든 간수(澗水)나 잔잔(潺潺)

커나 풍편(風便)에 문견폐(聞犬吠)

하니 다 왔는가 하노라.

풀이 발을 저는 나귀를 타고 돌아다

29

니다 보니, 어느새 해가 저물었구나.

산길이 이토록 험하니 골짜기에

흐르는 물인들 잔잔하겠는가.

바람결에 개 짖는 소리를 들으니

마을에 다 왔는가 보다.

청우를 빗기 타고 -안정(安挺)

청우(青牛)를 빗기 타고 녹수

(綠水)를 흘러 건너 천태산(天台山)

깊은 골에 불로초(不老草)를 캐러

가니 만학(萬壑)에 백운(白雲)이

잦았으니 갈 길 몰라 하노라.

풀이 소를 비스듬히 타고 물을

건너서 신선들이 산다는 천태산

깊은 골짜기에 불로초를 캐러 가니,

골짜기마다 흰 구름이 가득하여 갈

길을 모르겠구나.

설월이 만창한데 -작자 미상

설월(雪月)이 만창(滿窓)한데

바람아 부지 마라 예리성(曳履聲)

아닌 줄을 판연(判然)히 알건마는

그립고 아쉬운 마음에 행여 긘가

하노라.

풀이 눈 위에 비치는 달빛이 창문에

가득한데 바람아 불지를 말아라.

임이 신을 끌며 다가오는 소리가

아닌 줄을 똑똑히 알지마는 그립고

아쉬울 때는 행여 그이인가 하노라!

세상 사람들이 -안평대군

세상 사람들이 입들만 성하여서

제 허물 전혀 잊고 남의 흉보는

괴야 남의 흉 보거라 말고 제

허물을 고치고자.

풀이 온 세상 사람들이 다 입들만이

나불나불 살아서 자기의 잘못이나

흠은 아주 잊어버린 채 남의 흉만

보기에 바쁘구나! 남의 흉만 보려

들지 말고서, 제 잘못이나 흠을

고치려무나.

꽃 피면 달 생각하고 -이정보

꽃 피면 달 생각하고 달 밝으면 술

생각하고 꽃 피자 달 밝자 술 얻으면

벗 생각하네 언제면 꽃 아래 벗

데리고 완월장취(玩月長醉)하려뇨.

풀이 꽃 피면 달 생각하고 달 밝으면

술 생각하고, 꽃 피고 달 밝아 술

얻으면 벗 생각하네. 어느 때에나

꽃 아래에서 벗과 함께 달을 즐기며

오래 취하겠는가.

공산에 우난 접동 -박효관

공산(空山)에 우난 접동, 너난

어이 우짓난다 너도 날과 같이

무음 이별하였나냐 아모리

피나게 운들 대답이나 하더냐.

풀이 공산에 우는 접동새야, 너는

어찌 우짖느냐. 너도 나와 같이 무슨

이별하였느냐. 아무리 피나게 운들

대답이나 하더냐.

임 그린 상사몽이 -박효관

임 그린 상사몽(相思夢)이 실솔이

넉시 되야 추야장(秋夜長) 깁픈

밤에 임의 방에 드럿다가 날 잊고

깁히 든 잠을 깨워볼까 하노라.

풀이 임을 그리워 마지않는 이 꿈이

귀뚜라미의 넋으로 변하여서 가을밤

기나긴 밤에 임의 방으로 들어가 있

다가 나를 잊어버리고 깊이 잠이

들어버린 임을 깨워보고 싶구나!

국화야 너는 어이 -이정보

국화(菊花)야 너는 어이

삼월동풍(三月東風)다 보내고

낙목한천(落木寒天)에 홀로

퓌였는다 아마도 오상고절

(傲霜孤節)은 너뿐인가 하노라.

풀이 국화야, 너는 어찌 춘삼월

봄바람 부는 시절을 다 보내고,

나뭇잎이 떨어진 때의 추운 날씨에

와서야 너 혼자 피었느냐? 아마도

모진 서리를 혼자 끝끝내 외로이

이겨내는 곧은 절개를 가진 것은

국화 너뿐인가 한다.

광풍에 떨린 이화 -이정보

광풍에 떨린 이화 오며 가며 날린

다가 가지에 못 오르고 거미줄에

걸릴 거다 저 거미 낙화인 줄

모르고 나비 잡듯 하련다.

 풀이 세찬 바람에 떨어진 배꽃,

이리저리 날리다가 가지에 다시

오르지 못하고 거미줄에 걸렸구나.

거미는 지는 꽃잎을 나비로 알고

잡으려 하는구나.

쓴 나물 데온 물이 -정철

쓴 나물 데온 물이 고기도곤

맛이 이셰 초옥(草屋) 좁은 줄이

긔 더욱 내 분(分)이라 다만당 임

그린 탓으로 시름 계워하노라.

풀이 맛이 쓴 나물을 데운 국물이

고기보다도 맛이 있으니, 초가집

좁은 곳에 사는 그것이 도리어 나의

분수에 맞는다. 다만 때때로 임이

그리운 탓으로 근심 걱정이 많아

이기지 못해 하노라.

말하기 좋다 하고 -작자 미상

말하기 좋다 하고 남의 말을

말을 것이 남의 말 내 하면 남도

내 말 하는 것이 말로서 말이

많으니 말 말음이 좋왜라.

풀이 말하기 쉽다고 남의 험담을

하지 말지니. 남의 말을 내가 한다면

역시 남도 내 험담의 말을 할 것이니

말로써 말이 많아지니 아예 하지

않는 것이 좋다.

전원에 봄이 오니 -성혼

전원에 봄이 오니 이 몸이 일이

하다 꽃 남근 위 옮김여 약밧츤

언제 갈리 아희야, 대 뷔여

오나라 삿갓 먼저 결을이라.

풀이 농촌에 봄이 오니, 이 몸이 할

일이 많구나. 꽃나무는 누가 옮겨

심을 것이며, 약초를 심을 밭은 언제

갈 것인가? 아이야, 대나무를 베어

오너라. 삿갓부터 먼저 엮어

짜야겠구나!

태평 천지간에 -양응정

태평 천지간(天地間)에 단표(簞瓢)

를 두러메고 두 소매 느리치고

우즑우즑 하는 뜻은 인세(人世)에

걸닌 일 없스매 그를 죠화하노라.

풀이 태평한 세상에 한 개의 도시락

과 표주박을 어깨에 둘러메고, 두 옷

소매를 늘어지게 질질 끌면서 우줄

우줄 춤추듯이 다니는 것은 세상에

걸릴 것이 없으니 그것이 좋아

그러는 것이다.

청산리 벽계수야 –황진이

청산리(靑山裏) 벽계수(碧溪水)야

수이감을 자랑 마라 일도창해

(一到滄海)하면 돌아오기 어려우

니 명월(明月)이 만공산(滿空山)

하니 쉬어간들 어떠리.

풀이 청산 속에 흐르는 푸른

시냇물아, 빨리 흘러간다고 자랑 마

라. 한번 넓은 바다에 다다르면 다시

청산으로 돌아오기 어려우니 밝은

달이 산에 가득 차 있는, 이 좋은 밤에

나와 같이 쉬어감이 어떠냐?

청산은 내 뜻이오 –황진이

청산(靑山)은 내 뜻이오 녹수(綠水)

난 임의 정이 녹수(綠水) 흘너

간들 청산이야 변할손가 녹수

(綠水)도 청산(靑山)을 못니져

우러예어 가난고.

풀이 푸른 산은 나의 뜻이요,

푸른 시냇물은 님의 정이니

푸른 시냇물은 흘러흘러 가지만

푸른 산은 녹수처럼 변하겠는가.

푸른 시냇물도 푸른 산을 못 잊어

울면서 흘러가는구나.

산은 옛 산이로되 -황진이

산(山)은 녯 산이로되 물은 녯 물

안이로다 주야(晝夜)에 흘은이 녯

물리 이실쏜야 인걸(人傑)도 물과

갓도다 가고 안이 오노매라.

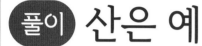 산은 예전의 그 산이지마는

물은 예전의 그 물이 아니다.

밤낮으로 흘러가고 있으니 옛날

물이 그대로 있을 리 만무하다.

뛰어난 사람도 물과 같아서 한번

가면 다시는 오지 않는구나.

우부도 알며 하거니 –이황

우부(愚夫)도 알며 하거니 긔 아니

쉬운가 성인(聖人)도 몰다 하시니

긔 아니 어려온가 쉽거나 어렵거나

낫듕에 늙는 줄을 몰래라.

풀이 어리석은 자도 알아서 행하니

학문의 길이 얼마나 쉬운가. 그러나

성인도 다하지 못하는 법이니

그것이 얼마나 어려운가. 쉽든

어렵든 간에 학문을 닦는 생활 속에

늙는 줄을 모르겠다.

해 지고 돋는 달이 -안민영

해 지고 돋는 달이 너와 긔약

(期約) 두었던가 합리(閤裡)

의 자든 꽃이 향기 노아 맞는고야

내 어찌 매여월(梅與月)이 벗되는

줄 몰랐던가 하노라.

풀이 어두워지며 솟아오른 달이

너와 만날 약속이 있었더냐? 협문

가까이서 피어난 꽃이 그윽한

향기를 피우며 맞는구나! 내가 어찌

매화가 피면 달이 찾아와서 서로

벗이 되는 것을 모르고 있었던가?

선으로 패한 일 보며 -엄흔

선(善)으로 패(敗)한 일 보며

악(惡)으로 일운 일 본다 이 두

즈음에 취사(取捨) 아니 명백(明白)

한가 평생(平生)에 악(惡)된 일 아니

하면 자연위선(自然爲善)하리라.

풀이 착한 일을 하여 실패한 일

보았으며 악한 일만 하여 성공한

예를 보았는가. 이 선과 악의 두

경우 어느 것을 취하고 어느 것을

버리느냐는 분명한 것이다. 생전에

악한 일을 않으려고 노력한다면 그

결과 착한 일을 한 것이 되리라.

논밭 갈아 기음 매고 -작자 미상

논밭 갈아 기음 매고, 뵈잠방이

다님 쳐 신들메고 낫 갈아 허리에

차고 도끼 버려 두러매고 무림

산중(茂林山中) 들어가서 삭다리

마른 섶을 뷔거니 버히거니

지게에 질머 지팡이 바쳐 놓고

새암을 찾아가서 점심(點心)

도슭 부시고 곰방대를 톡톡 떨어

닢담배 뷔여 물고 코노래

조오다가 석양이 재 넘어갈 제

어깨를 추이르며 긴 소래 저른

소래 하며 어이 갈고 하더라.

풀이 논밭을 갈고 김을 매고, 베잠방이

에 대님을 치고, 짚신을 동여매어

신고, 낫은 갈아서 허리에 차고, 도끼

는 벼리어 어깨에 둘러메고, 울창한

숲에 들어가서 삭정이며 풋나무를

해서 지게에 짊어 작대기로 받혀

놓고, 샘을 찾아가 점심 도시락을

먹고, 곰방대에 잎담배 피워 물고,

콧노래 하며 졸다가 석양이 산을

넘어갈 때에 지게를 어깨를 추스르며

긴 노래 짧은 노래하며 어떻게 갈까

하더라.

물 아래 그림자 지니 -정철

물 아래 그림자 지니 다리 위에

중이 간다 저 중아 게 있거라, 너

가는 데 물어보자 막대로 흰 구름

가리키고 돌아 아니 보고 가노매라.

풀이 물 아래 그림자가 비치기에

쳐다보니, 다리 위에 중이 가는구나.

저 스님 거기 좀 서 있으시오.

그대의 가는 곳을 물어봅시다.

석장(錫杖)을 들어 흰 구름만

가리키고 돌아보지 않고 가버리더라.

나비야 청산 가자 -작자 미상

나비야 청산(靑山)가자 범나비

너도 가자 가다가 저물거든 꽃에

들어 자고 가자 꽃에서 푸대접

하거든 잎에서나 자고 가자.

들은 말 즉시 잊고 -송인

드른 말 즉시(卽時) 닛고 본 일도

못 본 드시 내 인사(人事) 이러홈

에 남의 시비(是非) 모를노라 다만지

손이 성하니 잔(盞) 잡기만 하노라.

풀이 들은 말이 있거들랑 즉시 잊어

버리고 본일도 못 본 듯이, 내 행동이

이러하매 남의 시비하는 소리를

듣지 않도다. 다만, 내 손이 성하니

술잔을 잡아 항상 마시기만 하리라.

마음이 어린 후이니 -서경덕

마음이 어린 후이니 하난 일이 다

어리다 만중운산(萬重雲山)에

어느 님 오리마는 지는 닙 부난

바람에 행여 귄가 하노라.

풀이 마음이 어리석고 보니 하는

일이 다 어리석다. 구름이 겹겹이

싸인 이 깊은 산속에 어느 임이

찾아오랴마는 떨어지는 잎, 나뭇

가지를 스치는 바람 소리를 들으면,

혹시나 임이 오는 소린가 한다.

삼동에 베옷 입고 -조식

삼동(三冬)에 베옷 닙고 암혈

(巖穴)에 눈비 맞아 구름 낀 볕

뉘도 쮠 적이 없건마는 서산(西山)

에 해지다 하니, 눈물겨워 하노라.

풀이 춥고도 추운 삼동(三冬)에

베옷을 입고, 바위틈의 작은

거처에서 눈비를 맞아가며 구름에

덮인 햇볕의 혜택을 조금도 받은

일이 없건만, 서산에 해가 진다고

하니 눈물이 앞을 가로막는구나.

창 내고쟈 창을 내고쟈 –작자 미상

창 내고쟈 창을 내고쟈 이 내

가슴에 창 내고쟈 고모장지

셰살장지 들장지 열장지 암돌져귀

수돌져귀 배목걸새 크나큰

쟝도리로 둑닥 바가 이 내 가슴에

창 내고쟈 잇다감 하답답할 제면

여다져 볼가 하노라.

풀이 창 내고자 창을 내고 싶다. 이

내 가슴에 창을 내고 싶다. 고모장지,

세 살장지, 들장지, 열장지, 암돌쩌귀,

수톨쩌귀, 배목걸새 크나큰 장도리로

뚝딱 박아 이 내 가슴에 창을 내고

싶다. 이따금 너무 답답할 때면

여닫아볼까 하노라.

귀또리 저 귀또리 -작자 미상

귀또리 저 귀또리 어여쁠사 저

귀또리 지는 달 새는 밤에 절절이

슬피 울어 사창에 여윈 잠을

살뜨리도 다 깨운다 네 비록

미물이나 무인동방(無人洞房)에

내 뜻 알기는 너뿐인가 하노라.

풀이 귀뚜라미, 귀뚜라미 어여쁜 저

귀뚜라미. 달이 저무는 깊은 밤에

절절히 슬프게 울어 얇은 창 너머 풋

잠을 빈틈없이 다 깨운다. 너는 비록

미물이나 임 없는 외로운 빈방에 내

마음 아는 건 너뿐인가 하노라.

자네 집에 술 익거든 -김육

자네 집에 술 익거든 부디 날

부르시소 내 집에 꽃 피거든 나도

자네 청해옵세 백년덧 시름 잊을

일을 의논코자 하노라.

풀이 자네 집에 술 익거든 부디 나를

부르시게. 내 집의 꽃 피거든 나도

자네 청하겠네. 한평생 시름 잊을

일을 의논하고자 하노라.

십년을 경영하여 -송순

십년(十年)을 경영(經營)하여

초려삼간(草廬三間) 지어내니 나

한 간, 달 한 간에 청풍(淸風)

한 간 맛져두고 강산(江山)은

드릴 듸 업스니 둘너두고 보리라.

십 년을 애써서 오두막집을 지어

내니, 내가 한 간 차지하고, 달이 한

간 차지하고, 맑은 바람에 한 간 맡겨

두고, 강과 산은 들여놓을 곳이 없으니

밖에 둘러 있게 하고 보겠다.

바둑이 검둥이 청삽사리 – 작자 미상

바둑이 검둥이 청삽사리 중에 조

노랑 암캐 갓치 얄밉고 잣믜오랴

70

믜온 임 오게 되면 꼬리를

회회치며 반겨 내닷고 고은 임

외게 되면 두발을 벗띄듸고

코쌀을 찡그리며 무르라 나오락

캉캉 즛는 요 노랑 암캐 잇틋날

문밧긔 개 사옵새 외는 장사

가거드란 찬찬 동혀 나여 쥬리라.

풀이 바둑이, 검둥이, 청삽사리 중에

저 노랑 암캐같이 얄밉고도 미울

수가 있으랴. 보기 싫은 미운 사람이

오게 되면, 꼬리를 회회 치며 반겨

내달리고, 내가 좋아하는 사람이

오게 되면, 두 발을 뻗대고 콧살을

찡그리며 무르락 나오락 하며 컹컹

짖는, 요 노랑 암캐 녀석. 다음날

문밖에서 "개 삽니다." 하고 외치는

장수가 지나가거들랑 요 녀석을

칭칭 동여 내어주리라.

님이 오마 하거늘 -작자 미상

님이 오마 하거늘 저녁밥을 일

지어 먹고 중문 나서 대문 나가

지방 우희 치다라 안자 이수로

가액하고 오난가 가난가 건넌 산

바라보니 거머횟들 셔 있거날

져야 님이로다 보션 버서 품에

품고 신 버서 손에 쥐고 곰븨님늬

님븨곰븨 천방지방 지방쳔방

즌듸 모른듸 갈희지 말고 위령충창

건너가셔 정엣말 하려 하고 겻눈을

흘긋 보니 상년 칠월 열사흔날

갈가벅긴 주추리 삼대 살드리도

날소겨다 모쳐라 밤일식 망정

힝혀 낫이런들 남 우일 번하꽤라.

 풀이 임이 오겠다고 하기에

저녁밥을 일찍 지어 먹고, 중문을

나와서 대문으로 나가 문지방 위에

올라가서, 손을 이마에 대고 임이

오는가 하여 건넛산을 바라보니,

거무희뜩한 것이 서 있기에 저것이

틀림없는 임이로구나. 버선을 벗어

품에 품고 신을 벗어 손에 쥐고,

엎치락뒤치락 허둥거리며 진 곳,

마른 곳을 가리지 않고 우당탕퉁탕

건너가서, 정이 넘치는 말을 하려고

곁눈으로 흘깃 보니, 작년 7월

13일 날 껍질을 벗긴 주추리 삼대가

알뜰하게도 나를 속였구나. 마침

밤이기에 망정이지 행여 낮이었다면

남 웃길 뻔했구나.

두터비 파리를 물고 -작자 미상

두터비 파리를 물고 두험 우희

치다라 안자 것넌 산 바라보니

백송골(白松骨)이 떠있거날 가슴이

금즉하여 풀덕 뛰여 내닷다가

두험 아래 잣바지거고 모쳐라 놀낸

낼식만정 에헐질 번하괘라.

두꺼비가 파리를 물고 거름

더미 위에 뛰어올라 앉아 건너편

산을 바라보니 흰 송골매가 떠

있어서 가슴이 섬뜩하여 펄쩍

뛰어내리다가 거름 더미 아래

자빠졌구나. 마침 내가 날래기

망정이지 어혈(피멍)이 들 뻔했구나.

꽃이 진다 하고 -송순

곳이 진다하고 새들아 슬허마라

바람에 훗날리니 꽃의 탓

아니로다 가노라 희짓난 봄을

새와므슴 하리오.

풀이 새들아, 꽃이 져서 앉을 자리가

없다 하여 너무 슬퍼 말라. 모진

바람이 꽃을 떨어뜨리는 것이니

꽃에 무슨 죄가 있으랴. 떠나간다고

휘젓는 봄을 시기하여 무엇하겠는가.

태산이 높다 하되 -양사언

태산(太山)이 높다 하되 하늘

아래 뫼이로다 오르고 또 오르면

못 오를 리 없건마는 사람이 제

아니 오르고 뫼만 높다 하더라.

풀이 태산이 아무리 높다고

하더라도 결국은 하늘 아래에 있는

산이로다. 오르고 또 오르면 못

오를 리 없건마는, 사람들은 올라가

보지도 않고 산만 높다고들 하더라.

말 없는 청산이요 -성혼

말 업슨 청산(靑山)이요, 태(態)

업슨 유수(流水)로다 값 업슨 청풍

(淸風)이요, 님자 업슨 명월(明月)

이라 이 중에 병(病) 업슨 이 몸이

분별(分別) 업시 늙으리라.

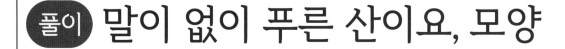 풀이 말이 없이 푸른 산이요, 모양

이 없는 물이로다. 값이 없이

불어주는 맑은 바람이요, 주인 없는

밝은 달이다. 이 아름다운 자연

속에서 건강한 이 몸이 근심 걱정

없이 살겠다.

설월(雪月)이 만창한데 -작자 미상

설월(雪月)이 만창한데 바람아

부지 마라 예리성(曳履聲) 아닌

줄을 판연히 알건마는 그립고

아쉬온 적이면 행여 귀가 하노라.

풀이 눈 쌓인 밤 밝은 달빛이 창가에

가득한데 바람 소리 들려온다. 나를

찾아오는 임의 발소리 아닌 줄을 확실

히 알건마는, 그립고 아쉬운 마음에

행여 임의 발소리인가 하노라.

매화 옛 등걸에 -매화

매화 옛 등걸에 춘절(春節)이

돌아오니 노퓌던 가지에 풋염즉

도 하다마는 춘설이 난분분(亂紛紛)

하니 필동말동 하여라.

풀이 매화나무 해묵은 늙어진 몸의

고목에 봄철이 돌아오니, 옛날에

피었던 가지에 다시 꽃이 필 것

같기도 하지만, 뜻 아니 한 봄철의

눈이 하도 어지럽게 펄펄 흩날리니

꽃이 필지 말지 하구나.

꿈에 뵈난 님이 -명옥

꿈에 뵈난 님이 신의(信義) 업다

하것마난 탐탐(貪貪)히 그리울 제

꿈 아니면 어이 보리 저 님아

꿈이라 말고 자로자로 뵈시쇼.

풀이 꿈에 뵈는 임은 생시가 아니고

꿈인 까닭에 의리도 미더움도

없다고 하지마는 만나보지 못하여

몹시 그리울 적에 꿈에서가 아니면

만나보겠는가? 그리운 임이여, 꿈이

라도 좋으니 자주자주 보이소서!

솔이 솔이라 하니 -송이

솔이 솔이라 하니 무슨 솔만

여기는다 천심절벽(千尋絶壁)에

낙락장송(落落長松) 내 긔로다

길 아래 초동(樵童)의 접낫이야

걸어볼 줄 있으랴.

풀이 소나무다, 소나무다 하니 어떤

소나무인 줄로만 여기는가? 천

길이나 높은 절벽 위에 솟아 있는

굵고 큰 소나무, 그것이 바로 나로다!

길 아래 지나가는 나무꾼 아이들의

풀 베는 작은 낫 따위로야 이런

나무에 다 걸어볼 도리가 있겠느냐?

갈 제는 오마터니 -김두성

갈 제는 오마터니 가고 아니

오매라 십이난간(十二欄干)

비장이며 임 계신 데 바라보니

남천에 안진하고 서상에 월락토록

소식이 끊겨졌다 이 뒤란 임이

오셔든 잡고 앉아 새오리다.

풀이 떠나갈 적에는 얼른

다녀오겠다 하시더니 가서는 오지

않는다. 열두 굽이나 꺾인 난간을

거닐면서 임이 계시는 곳을

바라보니, 남쪽 하늘에는 기러기조차

다 날아가버리고 서쪽 마루에 달이

지도록 소식이 없다. 이 뒤에 임께서

오시거든 꼭 붙잡고 앉아서 밤을

꼬박 새우겠노라!

눈 풀풀 접심홍이요 -김영

눈 풀풀 접심홍(蝶心紅)이요 술

퉁퉁 의부백(蟻浮白)을 거문고

당당 노래하니 두룸이 둥둥 춤을

춘다 아희야 시문(柴門)에 개

즞즈니 벗 오나나 보아라.

풀이 눈이 풀풀 날리는데 나비는

꽃을 찾고 술 빛깔이 맑지 못하고

충충한 개미가 떠 있다. 거문고를

당기당 치면서 노래를 부르니

두루미는 흥에 겨워 덩실덩실 춤을

춘다. 아이야, 사립문 밖에 개가

짖으니 벗이 오나 보다. 급히 가서

먼저 오도록 하여라.

웃는 양은 닛밧에도 -작자 미상

웃는 양(樣)은 닛밧에도 죠코

할긔는 양(樣)은 눈씨도 더욱

곱다 안거라, 서거라, 것거라,

닷거라, 온갖교태(嬌態)를 다

해여라 허허 내 사랑(思郞)

되리로다 네 부모(父母) 너 샹겨

내올 쩨 날만 괴게 하로다.

풀이 웃는 모습에 잇속도 좋고,

흘기는 모습은 눈매도 더욱 곱다.

앉거라, 서거라, 걷거라, 달리거라,

온갖 교태를 다하여라. 허허허, 나의

사랑이 되겠도다. 네 부모가 널 낳을

때 나만 사랑하게 한 것이로다.

굼벵이 매암 되야 -작자 미상

굼벵이 매암이 되야 나래 도쳐

나라 올라 노프나 노픈 남게

소릐는 죠커니와 그 우희 거믜줄

이시니 그를 조심하여라.

풀이 굼벵이가 매미가 되어 날개

돋쳐 날아올라 높디높은 나무에

앉아 울음소리 좋게도 울거니와 그

위에 거미줄이 있으니 조심하여라.

어버이 사라신제(훈민가) -정철

어버이 사라신제 섬길일란

다하여라 디나간 후면 애닯다

엇디하리 평생애 곳텨 못할 일이

잇뿐인가 하노라.

풀이 어버이가 살아 계실 때 섬기는

일을 잘하여라. 돌아가신 후에 슬퍼한

들 무엇하리. 평생에 다시 못할 부모

섬기는 일뿐인가 생각하노라.

아바님 날 나흐시고(훈민가)-정철

아바님 날 나흐시고 어마님 날

기라시니 두분곳 아니시면 이몸

이 사라실가 하날가탄 가업산

은덕(恩德)을 어대다혀 갑사오리.

풀이 아버님이 날 낳으시고 어머님이

날 기르시니, 두 분이 아니시면 이

몸이 살 수 있었을까? 이 하늘 같은

은혜를 어디에다 갚을까?

이고진 뎌 늘그니(훈민가) -정철

이고진 뎌 늘그니 짐프러 나를

주오 나난 졈엇꺼니 돌히라

무거울가 늘거도 셜웨라커든

짐을 조차 지실가.

짊어졌으니, 그 짐을 풀어서 나에게

주시오. 나는 젊었으니 돌인들

무거울까. 늙는 것도 서럽다고

하거든 무거운 짐까지 지시겠는가?

청초 우거진 골에 - 임제

청초(靑草) 우거진 골에 자난다

누엇난다 홍안(紅顏)을 어듸 두고

백골(白骨)만 무쳤나니 잔(盞)

잡아 권(勸)하리 업스니 그를

슬허하노라.

풀이 푸른 풀이 우거진 산골짜기에

무덤 속에 자고 있느냐, 누워

있느냐? 젊고 아름다운 얼굴을

어디에 두고 백골만 묻혀 있느냐?

술잔을 잡고 권해줄 사람이 없으니

그것을 슬퍼하노라.

반중 조홍감이 -박인로

반중(盤中) 조홍(早紅)감이 고와도

보이나다 유자(柚子) 안이라도

품엄즉도 하다마난 품어 가 반기리

없슬새 글노 설워 하난다.

풀이 소반 가운데 놓인 일찍 익은

감이 먹음직스럽게도 보이는구나.

이것이 비록 굴이나 유자는

아니라도 품에 품고 돌아갈 만도

하지만, 품 안에 넣고 가도 반가워할

이가 없으니, 그것을 서러워한다.

철령 노픈 봉을 -이항복

철령(鐵嶺) 노픈 봉(峯)을 쉬여

넘난 져 구름아 고신원루

(孤臣寃淚)를 비 삼아 띄어다가

님 계신 구중심처(九重深處)에

뿌려본들 엇더리.

철령의 높은 봉우리에서

밤길이 내키지 않아 잠시

멈추었다가 가는 저 구름아,

임금님의 신임을 얻지 못하여 귀양

가는 이 외로운 신하의 억울한

눈물을 비로 삼아 띄워서, 임금님

계신 깊은 대궐 안에 뿌려 나의

진심을 알려주었으면 좋겠구나.

짚방석 내지 마라 -한호

짚방석(方席) 내지 마라

낙엽(落葉)엔들 못 안즈랴

솔불 혀지 마라 어제 진 달 도다

온다 아히야, 박주산채(薄酒山菜)

일망정 없다 말고 내여라.

풀이 짚방석을 내지 말아라.

낙엽엔들 앉지 못하겠느냐.

관솔불을 켜지 말아라. 어제 진 달이

다시 떠오른다. 아이야! 변변치 않은

술과 나물 일지라도 좋으니 없다

말고 내오너라.

추산에 석양을 띠고 -유자신

추산(秋山)이 석양(夕陽)을 띠고

104

강심(江心)에 잠겼는데 일간죽

(一竿竹) 둘러메고 소정(小艇)에

앉았으니 천공(天公)이 한가(閑暇)

히 여겨 달을 조차 보내도다.

(풀이) 가을 산이 석양빛을 머금고 강

한복판에 잠겨 비추는데, 낚싯대

하나 둘러메고 작은 고깃배에

앉았으니 조물주가 나를 한가롭게

여겨 달까지 보내는구나.

지당에 비 뿌리고 -조헌

지당(池塘)에 비 뿌리고

양류(楊柳)에 내 끼인 제

사공(沙工)은 어디 가고 빈 배만

매엿난고 석양(夕陽)에 짝 일흔

갈며기난 오락가락 하노매.

풀이 연못에 비가 뿌리고 버드나무

에 안개가 자욱이 끼었는데,

뱃사공은 어디에 가고 빈 배만

못가에 매어 있는가? 해 질 무렵에

아무 잡념이나 욕심이 없는 갈매기

들만 오락가락하는구나.

바람도 쉬여 넘난 고개 -작자 미상

바람도 쉬여 넘난 고개 구름이라

도 쉬여 넘는 고개 산(山)진이

수(水)진이 해동청(海東靑)

보라매도 다 쉬여 넘난 고봉(高峯)

장성령(長城嶺) 고개 그 너머

님이 왔다 하면 나나나 아니

한 번도 쉬여 넘어가리라.

풀이 바람도 쉬었다가 넘는 고개,

구름도 쉬었다가 넘는 고개. 야생매,

길들인 매, 송골매, 사냥매라도 다

쉬었다가 넘는 고봉 장성령 고개. 그

고개 너머에 임이 왔다고 하면 쉬지

않고 단번에 넘어가리라.

대 심거 울을 삼고 -김장생

대 심거 울을 삼고 솔 갓고니 정자

(亭子)로다 백운 더핀 듸 날 인난

줄 제 뉘 알리 정반(庭畔)에 학배회

(鶴徘徊)하니 긔 벗인가 하노라.

대나무를 심어서 울타리를

삼고, 소나무를 가꾸고 나니 바로

정자가 되는구나. 흰 구름이 덮인

곳에 내가 살고 있는 걸 그 누가 알

수 있겠는가? 뜰에서 배회하는

학(鶴)만이 바로 내 벗이로구나.

천지로 장막 삼고 −이안눌

천지(天地)로 장막(帳幕) 삼고

일월(日月)로 등촉(燈燭)

삼아 북해(北海)를 휘여다가

주준(酒樽)에 다혀 두고

남극(南極)에 노인성(老人星)

대하여 늙을 뉘를 모르리라.

풀이 하늘과 땅을 장막으로 삼고

해와 달을 등불 삼아 북쪽 바다

물결을 휘어서 술통 속에 대어놓고

111

남쪽 하늘 노인성을 바라보며 늙는

줄 모르고 살리라.

이화우 흣뿌릴 제 -이매창

이화우 흣뿌릴 제 울며 잡고

이별한 님 추풍낙엽에 저도 날

생각하는가 천 리에 외로운 꿈만

오락가락하노매.

풀이 배꽃이 비 내리듯 흣날리는

날에, 서럽게 울며 잡고 이별한 임.

가을바람 나뭇잎 떨어지는 이때

임도 나를 생각하고 계실까 멀리

떨어진 곳에서 외로운 꿈만 오락가락

하는구나.

한산섬 달 밝은 밤에 -이순신

한산섬 달 밝은 밤에 수루(戍樓)

에 혼자 앉아 큰 칼을 옆에 차고

깊은 시름 하는 차에 어디서 일성

호가(一聲胡笳)는 남의 애를 끊나니.

풀이 한산섬 달 밝은 밤에 수루에

혼자 앉아서 큰 칼을 옆에 차고

다가올 큰 싸움을 앞에 두고 깊은

시름 하는 때에 어디선가 들려오는

한 가닥의 피리 소리는 남의 마음을

아프게 하는구나.

냇가에 해오라비 -신흠

냇가의 해오라비 무스일

셔잇난다 무심한 저 고기를 여어

무삼 하려난다 두어라 한물에

잇거니 여어 무삼 하리오.

풀이 냇가에서 있는 백로야! 무슨

일로 서 있느냐? 사심 없이 노니는

저 고기를 엿보아서 무엇 하려느냐?

아무리 생각해 보아도 다 같이 한

물에 살고 있는 입장이니, 아예

잊어버리고 내버려두는 것이

어떻겠는가?

님을 미들 것가 -정구

님을 미들것가 못 미들슨

님이시라 미더온 시절도 못 미들

줄 아라스라 밋기야 어려와 마 난

아니 밋고 어이리.

풀이 임을 믿을 것인가? 아마도

믿지 못할 것은 임이로다. 믿고서

지내던 시절도 믿을 바가 못 되는

줄로 알았었다. 믿기는 어렵기는

하지마는 그래도 임을 믿지 않고서

어찌하겠는가?

천지 몇 번째며 -조찬한

천지 몇 번째며 영웅(英雄)은

누고누고 만고흥망(萬古興亡)이

수후 잠에 꿈이어늘 어듸셔

망녕엣 거슨 노지 마라 하나니.

풀이 천지는 몇 번째나 바뀌었으며,

소위 영웅들은 누구누구이던가?

만고의 흥망성쇠는 기껏 잠깐의

꿈에 지나지 않는 것이거늘, 어디서

망령스러운 것은 놀지 말라고

간섭하느냐.

풍파에 놀란 사공 -장만

풍파(風波)에 놀란 사공(沙工) 배

팔아 말을 사니 구절양장(九折羊

腸)이 물도곤 어려왜라 이 후란

배도 말도 말고 밭 갈기나 하리라.

풀이 사납기만 한 풍파에 놀란

뱃사공이 배를 팔아 말을 사니,

꼬불꼬불한 산길을 말을 몰아

오르고 내리는 것이 물길보다

어렵구나. 이후에는 배도 그만두고

밭 갈기만 하리라.

나모도 바히 돌도 업슨 -작자 미상

나모도 바히돌도 업슨 뫼헤 매게

쪼친 가토릐 안과 대천(大川)

120

바다 한가온대 일천석(一千石)

시른 배에 노도 일코 닷도 일코

뇽총 근코 돗대 것고 키도 빠지고

바람 부러 물결치고 안개 뒤섯계

자자진 날에 갈 길은 쳔리만리

(千里萬里) 나믄듸 사면(四面)이

거머 어둑 져뭇 쳔지적막(天地寂寞)

가치노을 떳난대 수적 만난 도사공

의 안과 엊그제 님 여흰 내 안히야

엇다 가을하리오.

풀이 나무도 바윗돌도 없는 산에

매에게 쫓기는 까투리 마음과 큰

바다 한가운데 일천 석 실은 배에

노도 잃고, 닻도 잃고, 닻줄도

끊어지고, 돛대 꺾어지고, 키도

빠지고, 바람 불어 물결치고 안개

뒤섞여 자욱한 날에 갈 길은

천리만리 남았는데. 사면이 검어

어둑하고 해가 저물어 천지적막하고

사나운 파도 떴는데, 수적 만난 도

사공의 마음과 엊그제 임 여윈 내

마음이야 어디에다가 견주리오.

공산이 적막한데 -정충신

공산(空山)이 적막한듸 슬피 우는

저 두견(杜鵑)아 촉국흥망

(蜀國興亡)이 어제 오늘 아니어든

지금(至今)히 피나게 울어 남의

애를 긋나니.

풀이 아무도 없는 산이 적막하여

고요한데, 슬프게도 우는 저

두견새야. 촉나라가 망한 것이

어제오늘 일이 아닌데 왜 지금에사

피나게 울어 애간장을 끊느냐.

공명도 잊었노라 -김광욱

공명도 잊었노라 부귀도

잊었노라 세상 번우한 일 다 주어

잊었노라 내 몸을 내마저 잊으니

남이 아니 잊으랴.

풀이 공명도 잊고, 부귀영화도 잊었

다. 세상의 복잡하고 걱정스러운 일

다 내버려 잊었노라. 스스로 스스로

를 잊으니 남이 아니 잊겠는가.

질가마 좋이 씻고 -김광욱

질가마 조히 싯고 바회 아래 샘물

기러 팟죽 달게 쑤고 저리지

이끄어 내니 세상에 이 두 마시야

남이 알가 하노라.

풀이 흙으로 구운 가마를 씻어놓고

바위 아래 옹달샘 물을 길어와

팥죽을 맛있게 쑤어놓고, 소금에

절인 채소를 꺼내어 먹으니 기막힌

이 두 가지 맛을 세상 사람 어느

누가 알겠는가.

청산도 절로절로 -송시열

청산(靑山)도 절로절로 녹수

(綠水)도 절로절로 산(山) 절로

절로 수(水) 절로절로 산수간(山

水間)에 나도 절로 그 중(中)에 절로

자란 몸이 늙기도 절로 할이라.

풀이 푸른 산도 저절로 서 있고,

맑은 물도 저절로 흐른다. 산도, 물도

자연 그대로이니, 그 속에 자란 나도

역시 자연 그대로가 아닌가. 따라서,

자연 속에 절로 자란 이 몸이 늙은

것도 자연의 순리를 따르리라.

청강에 비 듣는 소리 -봉림대군

청강(淸江)에 비 듣는 소리 긔

무엇이 우습관대 만산홍록

(滿山紅綠)이 휘두르며 웃는 고야

두어라 춘풍(春風)이 몇 날이리

웃을 대로 웃어라.

풀이 맑은 강물에 비 떨어지는 소리

가 무엇이 우습기에 온 산을 뒤덮은

울긋불긋한 꽃과 나무들이 몸을

흔들며 비웃는구나. 내버려 두어라.

이제 봄바람인들 며칠이나 더 불랴.

만산의 홍록아 웃을 대로 웃어라.

가노라 삼각산아 -김상헌

가노라 삼각산(三角山)아 다시

보자 한강수(漢江水)야 고국산천

(故國山川)을 떠나고자 하랴마는

시절(時節)이 하 수상(殊常)하니

올동말동하여라.

풀이 나는 이제 떠나가노라, 삼각

산아. 돌아와서 보자 꾸나, 한강수야.

정든 고국의 산천을 떠나려고 할

것인가마는 지금의 이 시대가 너무

혼란하고 수상하니, 다시 돌아올 수

있을는지 모르겠구나.

이별하든 날애 -홍서봉

이별하든 날애 피눈물이

난지만지 압록강(鴨綠江) 나린

믈이 프른 빗 전혀 업네 배 위에

허여셴 사공이 처음 보롸 하더라.

풀이 임금과 이별하던 날 피눈물이

났는지 안 났는지 모르겠지만,

132

압록강에 흐르는 물도 싸움에 진

우리와도 같이 푸른 빛이라고는

전혀 없네. 배를 젓는, 머리가 허옇게

센 사공도 평생에 이런 변괴는 처음

본다고 하더라!

녹양이 천만사인들 -이원익

녹양(綠楊)이 천만사(千萬絲)인들

가는 춘풍(春風) 매어두며

탐화봉접(耽花蜂蝶)인들 지는

꽃을 어이하리 아무리

근원(根源)이 중(重)한들 가는

님을 어이리.

풀이 푸른 버들가지가 천 갈래 만

갈래의 실올같이 드리웠으나,

흘러가는 봄바람을 어찌 잡아 맬

수가 있으며 꽃을 반겨 찾아다니는

벌과 나비인들 떨어지는 꽃이야

어찌할 수 있으리오? 그러니 아무리

사랑이 중하다 할지라도 헤어져

가는 임을 어찌할 수 있으리오.

한식 비 갠 날에 -김수장

한식(寒食) 비갠날에 국화움이

반가왜라 꽃도 보려니와 일일신

(日日新) 더 죠홰라풍상(風霜)이

섯거치면 군자절(君子節)을 피온다.

풀이 한식날 비가 갠 후에 돋아나는

국화 싹이 반갑도다. 나중에 꽃을

보는 것도 좋지만 날로 새롭게

자라나는 싹이 더 보기 좋구나.

늦가을이 되어 바람과 서리가

몰아칠 때면 군자의 절개를 피운다.

금준에 가득한 술을 -정두경

금준(金樽)에 가득한 술을 슬커장

거후르고 취(醉)한 후 긴 노래에

즐거움이 그지없다 어즈버

석양(夕陽)이 진(盡)타 마라 달이

조차 오노매.

풀이 좋은 단지에 가득 찬술을 실컷

기울여 마시고서 취한 후 노래도

부르니, 그 즐거움이 한이 없구나!

아! 저녁 해가 다 져간다고 아쉬워

마라. 밝은 달이 돋아 비추어주는구나!

술을 취케 먹고 -정태화

술을 취(醉)케 먹고 두렷이 안자

시니 억만(億萬) 시름이 가노라

하직(下直)한다 아희야 잔 가득

부어라 시름 전송(餞送)하리라.

풀이 술을 취하도록 먹고서 여럿이

둥글게 둘러앉았더니 온갖 근심

걱정이 이제 물러간다고 작별인사를

하는구나! 아이야, 잔을 가득

채워라. 가는 억만 시름에게 술이나

대접해 전송하리라.

청춘에 곱던 양자 -강백년

청춘(靑春)에 곱던 양자(樣姿)

님으뢰야 도 늙거다 이제 님이

보면 날인 줄 알으실까 아모나 내

형용(形容) 그려다가 남의 손대

드리고저.

풀이 청춘에 곱던 모습, 임 때문에

다 늙었다. 이제 임이 보게 되면

나인 줄 아실까. 아무나 내 모습

그려서 임에게 드리고 싶구나.

잔 들고 혼자 안자 -윤선도

잔 들고 혼자 안자 먼 뫼홀

바라보니 그리던 님이 오다

반가움이 이러하랴 말삼도

우움도 아녀도 몯내 됴하하노라.

풀이 잔 들고 혼자 앉아 먼 산을 바라

보니 그리워하던 임이 온다고 한들

반가움이 이러하랴. 말도 웃음도

아니 하지만 마냥 좋아하노라.

묏버들 가려 꺾어 -홍랑(洪娘)

묏버들 갈해 것거 보내노라

님의손대 자시난 창 밧긔 심거

두고 보쇼셔 밤비예 새닙곳

나거든 날인가도 너기쇼셔.

풀이 산 버드나무 가지를 꺾어서

보내드리옵니다. 임께서 주무시는

창밖에 심어두고 보시옵소서.

밤비에 새잎이 돋아나거든 마치

나를 본 것처럼 여겨주옵소서.

지아비 밭 갈러 간데(오륜가) -주세붕

지아비 밭 갈라 간 대 밥고리

이고 가 반상을 들오대 눈섭의

마초이다 친코도 고마오시니

손이시나 다라실가.

풀이 남편이 밭갈이하러 간 곳으로

밥고리를 머리에 이고 가서

남편에게 밥상을 들어 올리되,

눈썹 높이에 맞추어서 올립니다.

친하고도 고마우신 분이니 손님과

무엇이 다르겠습니까?

바람이 눈을 모라(영매가) -안민영

바람이 눈을모라 산창(山窓)에

부딧치니 찬기운(氣運) 새여드러

자는 매화(梅花)를 침노(侵勞)

허니 아무리 어루려허인들 봄

뜻이야 아슬소냐.

풀이 바람이 눈을 몰아다가 산속의

집 창문에 부딪히니, 찬 기운이 집안

으로 새어 들어와서 고요히 잠자는

매화를 함부로 건드리는구나!

아무리 얼어 죽이려고 해도 매화가

가진 봄 뜻을 빼앗을 수 있겠느냐?

북창이 맑다커늘 -임제

북창(北窓)이 맑다커늘 우장

(雨裝) 업시 길을 난이 산(山)에는

눈이 오고 들에는 찬비로다. 오늘은

찬비 맛잣시니 얼어 잘까 하노라.

풀이 북녘 창이 맑다고 해서 비옷

없이 길을 떠났는데 산에 눈이

내리고 들에는 찬비가 내리는구나.

오늘은 찬비를 맞았으니 언 몸으로

자볼까 하노라.

어버이 날 낳으셔 -낭원군

어버이 날 낳으셔 어질과자 길러

내니 이 두 분 아니시면 내 몸

나서 어질소냐 아마도 지극한

은덕(恩德)을 못내 갚아 하노라.

어버이가 날 낳으셔서 어질게

키워내시니 이 두 분 아니시면 내

홀로 어찌 어질 수가 있겠는가?

아마도 지극한 은덕을 갚지 못할까

근심하노라.

녹이상제 역상에서 -김천택

녹이상제(綠耳霜蹄) 역상(櫪上)

에서 늙고 용천설악(龍泉雪鍔)

갑리(匣裏)에 운다. 장부(丈夫)의

해 온 뜻을 속절없이 못 이루고

귀밑에 흰 털이 날리니 그를

설워하노라.

풀이 하루에 천 리 길을 다니는 좋은

말이 마구간에서 하는 일 없이

늙어가고, 잘 들기로 이름난 칼이

칼집 속에 들어만 있을 뿐, 한 번도

쓰일 때가 없어 슬퍼한다. 사나이

대장부가 오래전부터 가슴에 품은

뜻을 단념할 수밖에는 도리가 없이

일을 이루지 못하고서, 어언 세월이

흘러 이제는 흰 귀밑 털이 바람결에

날리니, 벌써 그토록 늙었음을

서럽게 여길 따름이다.

몽혼(夢魂) -숙원 이씨(이옥봉)

요즈음 어찌 지내시는지요 달빛

드는 사창에 첩의 한이 깊어갑니

다. 만약 꿈속의 넋이 오가는 자취

를 남긴다면 문 앞 돌길이 반은

모래가 되었을 거예요.

검으면 희다 하고 -김수장

검으면 희다 하고 희면 검다 하네

검거나 희거나 옳다 할 이 전혀

없다 차라리 귀 막고 눈 감아

듣도 보도 말리라.

풀이 검으면 희다 하고 희면 검다

하네. 검거나 희거나 간에 옳다 할

사람 전혀 없다. 차라리 귀를 막고

눈을 감아 듣지도 보지도 말리라.

처용가(處容歌) -처용

새발 발긔 다래 / 밤드리 노니다가

/ 드러사 자리 보곤 /가라리

네히어라 / 둘흔 내해엇고 /

둘흔 뉘해언고 본대 내해다마란

/ 아마날 엇디하릿고.

풀이 서울(경주) 밝은 달밤에 밤

깊도록 놀고 지내다가 들어와 잠자리

를 보니 가랑이가 넷이로구나. 둘은

내(아내) 것이지만 둘은 누구의 것인

가? 본래 내 것이다 마는(내 아내이

지만) 빼앗긴 것을 어찌하리오.

강호에 버린 몸이 -김성기

강호(江湖)에 버린 몸이 백구(白

鷗)와 벗이 되어 어정(漁艇)을 흘리

놓고 옥소(玉簫)를 높이부니 아마도

세상 흥미는 이뿐인가 하노라.

풀이 번화한 세상을 등지고 강과

호수가 있는 시골에 묻혀 살면서
갈매기를 벗으로 삼아 고깃배를
띄워두고 퉁소를 꺼내어 맑은
곡조를 길이 뽑아 불어보니 아마도
이 세상에서 참된 흥겨움이란
이것뿐인 듯이 여겨지는구나!
오늘은 천렵하고 -김유기
오늘은 천렵(川獵)하고 내일은

산행(山行)가세 곳다림 모릐하고

강신(降神)을랑 글피하세 그글픠

편사회(遍射會)할 제

각지호과(各指壺果)하시소.

풀이 오늘은 냇가에서 고기잡이

하고, 내일은 산으로 사냥 가세. 화전

놀이는 모레에 하고, 강신제는 글피

쯤 하세. 그다음 날 활쏘기를 할

156

때는 제각기 술과 과일을 가져오소.

거문고 술 꽂아 놓고 -김창엽

거문고 술 꽂아 놓고 호젓이 낮잠

든 제 시문(柴門) 견폐성(犬吠聲)

에 반가운 벗 오도괴야 아희야

점심도 하려니와 외자락주 내어라.

풀이 거문고의 술대를 줄에다 꽂아

놓고 조용히 낮잠에 취해 있을 때,

사립문 밖에서 개 짖는 소리가 들리니

아마도 뜻을 같이하는 정다운 벗이

찾아오는구나! 아이야! 점심도 한 술

하려니와, 술집에 가서 외상으로

막걸리라도 받아 오려무나!

감장새 작다 하고 -이택

감장새 작다 하고 대붕(大鵬)이

웃지 마라 구만리장천

(九萬里長天)을 너도 날고 저도

난다 두어라 일반비조

(一般飛鳥)니 네오 긔오 다르랴.

풀이 감장새가 몸이 작다고 해서

대붕아 너무 비웃질랑 말아라.

드높고도 넓디넓은 저 하늘을 너도

물론 날거니와 감장새도

날아다닌다. 너나 저나 흔히 있는

나는 새이니, 대붕이라 해서 다르고

감장새라 해서 다를 것이 있겠느냐?

동창이 밝았느냐 -남구만

동창(東窓)이 밝았느냐 노고지리

우지진다 소칠 아해는 여태 아니

일었느냐 재너머 사래 긴 밭을

언제 갈려 하느니.

풀이 동쪽 창문이 벌써 밝았느냐?

날이 새었는지 종달새가 마구 울어

젖히는구나. 소 먹이는 아이는

아직도 아니 일어났느냐? 저 고개

너머에 있는 이랑 긴 밭을 언제나

갈아보려고 늦장을 부리느냐?

자규야 우지 마라 –이유

자규야 우지 말아 울어도 속절

없다 울거든 너만 우지 날은 어이

울리는다 아마도 네 솔의 들은

제면 가슴 앓아 하노라.

 두견새야 울지 말아라. 아무리

울어도 도리 없다. 울려거든 너 혼자

울지 나는 왜 울리느냐? 네 소리를

들으면 옛날 자규 시를 읊으며

슬퍼한 단종 임금이 생각나서 가슴

아프구나.

주려 죽으려 하고 -주의식

주려 죽으려 하고 수양산(首陽山)

에 들었거니 설마 고사리를

먹으려 캐었으랴 물성(物性)이

굽은 줄 미워 펴 보려고 캠이라.

풀이 굶어 죽으려고 수양산에 들어간

것이니 설마하니 배가 고팠어도

고사리를 먹으려고 캐었겠는가?

고사리의 성질이 굽은 것을 미워하여

펴보려고 캔 것이리라.

벼슬이 귀타 한들 -신정하

벼슬이 귀타 한들 이내 몸에

비길소냐 건려(蹇驢)를 바삐 몰아

고산(故山)으로 돌아오니

어디서 급한 비 한 줄기에

출진행장(出塵行裝) 씻괘라.

벼슬이 귀하고 좋다고는 한들

이 내 한 몸이 소중함에야 어찌 견줄

수가 있겠는가? 다리를 절룩거리는

나귀를 바삐 몰아서 고향 땅으로 들어

가는데, 갑자기 쏟아지는 소나기가

속세를 등지고 돌아오는 티끌 묻은

행장을 말끔히 씻어주었구나!

설악산 가는 길에 -조명리

설악산(雪嶽山) 가는 길에

개골산(皆骨山) 중을 만나 중더러

물은 말이 풍악(楓嶽)이 어떻더니

이 사이 연(連)하여 서리 치니 때

맞았다 하더라.

풀이 설악산으로 올라가는 길에서

금강산에서 온 중을 만났기로,

중에게 금강산이 어떠냐고

166

물었더니, 요즘은 잇따라 서리가

내려 한창 단풍이 아름다운 좋은

때를 만났다고 하더라.

풍파에 놀란 사공 -장만

풍파(風波)에 놀란 사공(沙工) 배

파라 말을 사니 구절양장

(九折羊腸)이 물도곤 어려왜라

이 후(後)란 배도 말도 말고 밧

갈기만 하리라.

 거센 풍파에 놀란 뱃사공이

배를 팔아서 말을 샀더니 구불구불

한 산길이 물길보다 어렵구나.

이다음엔 배도 말고 말(馬)도 말고

밭이나 갈면서 지내리라.

남이 해할지라도 -이정신

남이 해(害)할지라도 나는 아니

168

겨루리라 참으면 덕(德)이요

겨루면 같으리니 굽음이 제게

있거니 갈을 줄이 있으랴.

풀이 남이 나를 해할지라도 나는

맞서 겨루지 않으리라. 참으면 덕이

되고, 겨루면 그와 같은 사람이

되거늘. 잘못은 내게도 없지 않을

터이니, 그와 맞서서 싸울 까닭이

있겠는가?

풍진에 얽매이여 -김천택

풍진(風塵)에 얽매이여 떨치고

못갈께라도 강호일몽(江湖一夢)

을 꾸원지 오래던이 성은(聖恩)을

다 갑픈 후(後)은 호연장귀(浩然

長歸) 하리라.

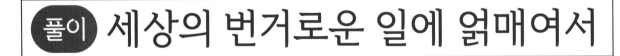 세상의 번거로운 일에 얽매여서

170

모두 떨쳐버리고 갈 수 없지만, 자연

으로 돌아가려는 꿈을 꾼 지 오래

되었으니 임금님의 은혜를 다 갚은

후에 자유로운 마음으로 자연으로

돌아가리라.

샛별 지자 종달이 떴다 -이재

샛별 지자 종다리 떴다 호미 매고

사립 나니 긴 수풀 찬 이슬에 베잠

방이 다 젖는다 아이야, 시절이

좋을손 옷이 젖는다 관계하랴.

 샛별이 지고 종달새 높이

떴으니 호미 매고 사립문을 나서니,

긴 풀에 맺힌 찬 이슬에 베잠방이 다

젖는구나. 아아! 시절이 좋으면 옷

좀 젖으면 어떠하랴.

봄비 –허난설헌

172

보슬보슬 봄비는 못에 내리고

찬 바람이 장막 속에 스며들 제

뜬 시름 못내 이겨 병풍 기대니

송이송이 살구꽃 담 위에 지네.

오늘도 대 새거다 -정철

오늘도 다 새거다 호미 메고

가자스라 내 논 다 매어든 네 논

좀 매어 주마 올 길에 뽕 따다가

누에 먹여 보자스라.

풀이 오늘도 날이 다 밝았다. 호미

메고 들로 나가자꾸나. 내 논을 다

맨 뒤에는 네 논도 좀 매어주겠다.

돌아오는 길에는 뽕잎을 따서

누에를 먹여보자꾸나.

청산은 어찌하여(도산십이곡) -이황

청산(靑山)은 어찌하여

만고(萬古)에 프르르며

유수(流水)는 어찌하여 주야에

긋디 아니난고 우리도 그치지

말라 만고상청(萬古常靑) 호리라.

풀이 푸른 산은 어찌하여 오랜

세월에 걸쳐 푸르르며, 흐르는

물은 어찌하여 밤낮으로 그치지

아니하는가. 우리 사람들도 그치지

말고 영원히 푸르게 살아야 하리라.

고인도 날 못 보고(도산십이곡) -이황

고인도 날 몰뵈고 나도 고인 몰뵈

고인을 몰봐도 녀던길 알패잇내

녀던길 알패잇거든 아니녀고 엇뎔고.

풀이 옛날 훌륭한 사람도 나를 보지

못하고 나도 옛사람을 못 보는데,

옛사람은 못 보아도 그들이 행하던

훌륭한 길이 가르침으로 남아 있네.

옛적의 훌륭한 길이 앞에 있는데

올바른 도리를 따르지 않고 어쩌리.

고산구곡담을(고산구곡가) -이이

고산구곡담(高山九曲潭)을

살람이 모르더니 주모복거

(誅茅卜居)하니 벗님네 다 오신다

어즙어 무이(武夷)를 상상하고

학주자(學朱子)를 하리라.

풀이 고산에 있는 아홉 굽이 계곡의

아름다움을 사람들이 모르더니, 내가

조그만 집을 짓고 지내니 벗들이

다 모여든다. 아아, 중국에 있는 무이

산을 상상하며 주자학을 배우리라.

이런들 어떠하며(도산십이곡) -이황

이런달 엇더하며 뎌런달

엇다하료 초야우생(草野愚生)이

이러타 엇더하료 하말려 천석고황

(泉石膏肓)을 고려 므슴하료.

풀이 이런들 어떠하며 저런들

어떠하리. 시골에 파묻혀 있는

어리석은 사람이 이렇게 산들

어떠하리? 더구나 자연을 사랑하게

된 버릇을 고쳐서 무엇하랴?

천세를 누리소서 -작자 미상

천세를 누리소서 만세를 누리소서

무쇠기둥에 꽃피여 여름이 여러

따드리도록 누리소서 그밧긔

억만세 외에 또 만세를 누리소서.

 천년을 사소서 만년을 사소서.

무쇠 기둥에 꽃이 피어 열매가 열어

그것을 따들이도록 오래오래

사소서. 이같이 긴 세월 외에 또

만년의 복을 받아 누리소서.

눈 맞아 휘어진 대를 -원천석

눈 맞아 휘어진 대를 뉘라서

굽다턴고 굽은 절(節)이면 눈

속에 푸를소냐 아마도 세한고절

(歲寒孤節)은 너뿐인가 하노라.

풀이 눈 맞아서 휘어진 대나무를

누가 굽었다고 말하는가. 쉽게

휘어질 절개일 것 같으면 눈 속에서도

푸르겠는가. 아마도 추위를 꿋꿋이

견디는 절개는 너뿐인 것 같구나.

선시 -서산대사

踏雪野中去 (답설야중거)

不須胡亂行 (불수호란행)

今日我行跡 (금일아행적)

遂作後人程 (수작후인정)

 눈 내린 들판을 걸어갈 때는

모름지기 그 발걸음을 어지러이 말라.

오늘 걷는 나의 발자국은 반드시

뒷사람의 길잡이가 될 것이니.

새벽에 앉아서 –정약용

새벽에야 뜨는 저 조각달 선명한

빛이 얼마나 갈까 어렵게 작은

둑을 기어오르나 긴 강은 건널

힘은 없다네 집집이 다들 단잠에

빠졌는데 외로이 나 혼자

노래부르네.

죽 한 그릇 -김병연(김삿갓)

四脚松盤粥一器 (사각송반죽일기)

天光雲影共排徊 (천광운영공배회)

主人莫道無顏色 (주인막도무안색)

吾愛靑山倒水來 (오애청산도수래)

풀이 네 다리 소반 위에 멀건 죽 한

그릇, 하늘에 뜬 구름 그림자가 그

속에서 함께 떠도네. 주인이여,

면목이 없다고 말하지 마오. 물속에

비치는 청산을 내 좋아한다오.

발가버슨 아해들리 –작자 미상

발가버슨 아해들리 거믜줄 테를

185

들고 개천으로 왕래하며

갈가숭아 발가숭아 져리 가면

쥬나니라 이리 오면 사나니라

부로나니 발가숭이로다 아마도

세상 일이 다 이러한가 하노라.

풀이 발가벗은 아이들이 거미줄

테를 들고 개천을 왕래하면서,

"발가숭아, 발가숭아, 저리 가면

죽고 이리 오면 산다."라고 하며

부를 것이 발가숭이로다. 아마도

세상일이 모두 이런 것인가 하노라.

청산별곡(靑山別曲) -작자 미상

살어리 살어이랏다 쳥산애

살어리랏다 멀위랑 다래랑 먹고

쳥산애 살어리랏다 얄리얄리

얄라셩 얄라리 얄라. 우러라

우러라 새여 자고 니러 우러라

새여 널라와 시름 한 나도 자고

니러 우니노라 얄리얄리 얄라셩

얄라리 얄라. 가던 새 가던 새

본다 믈 아래 가던 새 본다

잉무든 장글란 가지고 믈 아래

가던 새 본다 얄리얄리 얄라셩

얄라리 얄라. 이링공 뎌링공 하야

나즈란 디내와손뎌 오리도

가리도 업슨 바므란 또 엇디

호리라 얄리얄리 얄라셩 얄라리

얄라. 살어리 살어리랏다 바라래

살어리랏다 나마자기 구조개랑

먹고 바라래 살어리랏다

얄리얄리 얄라셩 얄라리 얄라.

가다가 가다가 드로라 에졍지

가다가 드로라 사사미 짐ㅅ대예

올아셔 해금을 혀거를 드로라

얄리얄리 얄라셩 얄라리 얄라.

가다니 배 브른 도긔 설진 강수를

비조라 조롱곳 누로기 매와

잡사와니 내 엇디 하리잇고

얄리얄리 얄라셩 얄라리 얄라.

풀이 살겠노라, 살겠노라. 청산에

190

살겠노라. 머루와 다래를 먹고

청산에 살겠노라. 우는구나,

우는구나, 새여. 자고 일어나

우는구나, 새여. 너보다 시름 많은

나도 자고 일어나 울고 있노라.

가는 새 가는 새 본다. 물 아래로

날아가는 새 본다. 이끼 묻은

쟁기(농기구)를 가지고 물아래로

날아가는 새 본다. 이럭저럭 하여

낮은 재내 왔건만 올 사람도 갈

사람도 없는 밤은 또 어찌할 것인가.

어디다 던지는 돌인가 누구를

맞히려는 돌인가. 미워할 이도

이도 없이 사랑할 이도 없이 맞아서

사랑할 울고 있노라. 살겠노라,

살겠노라, 바다에 살겠노라. 나문재,

굴, 조개를 먹고 바다에 살겠노라.

가다가, 가다가, 듣노라. 외딴

부엌을 지나가다가 듣노라. 사슴이

장대에 올라가서 해금(奚琴)을 켜는

것을 듣노라. 가더니 불룩한 술독에

진한 술을 빚는구나. 조롱박꽃

모양의 누룩(냄새)이 매워 (나를)

붙잡으니 나는 어찌하리오.

해탈시(解脫時) 인생중 -서산대사

근심 걱정 없는 사람 누군고,

출세하기 싫은 사람 누군고, 시기

질투 없는 사람 누군고. 허물

없는 사람 어디 있겠소. 가난하다

서러워 말고, 장애를 가졌다

기죽지 말고, 못 배웠다 주눅

들지 마소. 세상살이 다 거기서

거기외다. 가진 것 많다 유세 떨지

말고, 건강하다 큰소리치지 말고,

명예 얻었다 목에 힘주지 마소.

세상에 영원한 것은 없더이다.

잠시 잠깐 다니러 온 세상, 있고

없음을 편 가르지 말고, 잘나고

못남을 평가하지 말고, 얼기설기

어우러져 살다나 가세. 다

바람 같은 거라오. 뭘 그렇게

고민하오. 만남의 기쁨이건

이별의 슬픔이건 다 한순간이오.

사랑이 아무리 깊어도

산들바람이고, 외로움이 아무리

지독해도 눈보라일 뿐이오.

폭풍이 아무리 세도 지난 뒤엔

고요하듯, 아무리 지극한 사연도

지난 뒤엔 쓸쓸한 바람만

맴돈다오. 다 바람이라오. 버릴

것은 버려야지 내 것이 아닌 것을

가지고 있으면 무엇하리오. 줄 게

있으면 줘야지 가지고 있으면

뭐하겠소. 내 것도 아닌데. 삶도

내 것이라고 하지 마소. 잠시

머물다 가는 것일 뿐인데,

묶어둔다고 그냥 있겠소. 흐르는

세월 붙잡는다고 아니 가겠소.

그저 부질없는 욕심일 뿐, 삶에

억눌려 허리 한번 못 펴고 인생

계급장 이마에 붙이고 뭐 그리

잘났다고 남의 것 탐내시오.훤한

대낮이 있으면 깜깜한 밤하늘도

있지 않소. 낮과 밤이 바뀐다고

뭐 다른 게 있겠소? 살다 보면

기쁜 일도 슬픈 일도 있다마는,

잠시 대역 연기하는 것일 뿐 슬픈

표정 짓는다고 하여 뭐 달라지는

게 있소. 기쁜 표정 짓는다고

하여 모든 게 기쁜 것만은

아니오. 내 인생, 네 인생 뭐

별거랍니까? 바람처럼 구름처럼

흐르고 불다 보면 멈추기도 하지

않소. 그렇게 사는 겁니다.

삶이란 구름 한 조각 일어남이오,

죽음이란 한 조각 구름이

스러짐이외다. 구름은 본시

실체가 없는 것, 죽고 살고 오고

감이 모두 그와 같도다.

메모

메모